ERSTE SCHRITTE MIT IMOVIE

EINE WAHNSINNIG EINFACHE ANLEITUNG ZUR
FILMBEARBEITUNG MIT IMOVIE

SCOTT LA COUNTE

ANAHEIM, KALIFORNIEN

www.RidiculouslySimpleBooks.com

Copyright © 2022 von Scott La Counte.

Alle Rechte vorbehalten. Kein Teil dieser Publikation darf ohne vorherige schriftliche Genehmigung des Herausgebers in irgendeiner Form oder mit irgendwelchen Mitteln, einschließlich Fotokopien, Aufzeichnungen oder anderen elektronischen oder mechanischen Methoden, vervielfältigt, verbreitet oder übertragen werden, mit Ausnahme kurzer Zitate, die in kritischen Rezensionen enthalten sind, und bestimmter anderer nichtkommerzieller Verwendungen, die nach dem Urheberrecht zulässig sind.

Eingeschränkte Haftung/Gewährleistungsausschluss. Obwohl dieses Buch nach bestem Wissen und Gewissen erstellt wurde, geben der Autor und die Herausgeber keinerlei Zusicherungen oder Garantien ab und übernehmen keinerlei Haftung in Bezug auf die Richtigkeit oder Vollständigkeit des Inhalts. Insbesondere können weder der Autor noch die Herausgeber gegenüber natürlichen oder juristischen Personen für Verluste oder zufällige oder Folgeschäden haftbar gemacht werden, die direkt oder indirekt, ohne Einschränkung, durch die hierin enthaltenen Informationen oder Programme verursacht wurden oder angeblich verursacht wurden. Darüber hinaus sollten sich die Leser darüber im Klaren sein, dass die in diesem Werk aufgeführten Internet Websites, die in diesem Werk aufgeführt sind, sich geändert haben oder verschwunden sein können. Dieses Werk wird in dem Bewusstsein verkauft, dass die darin enthaltenen Ratschläge nicht für jede Situation geeignet sein können.

Warenzeichen. Wenn in diesem Buch Markenzeichen verwendet werden, bedeutet dies keine Billigung oder Verbindung mit diesem Buch. Alle in diesem Buch verwendeten Warenzeichen (einschließlich, aber nicht beschränkt auf Screenshots) werden ausschließlich für redaktionelle und pädagogische Zwecke verwendet.

Haftungsausschluss: Bitte beachten Sie, dass dieses Buch trotz aller Bemühungen um Genauigkeit nicht von Apple, Inc. unterstützt wird und als inoffiziell betrachtet werden sollte.

Inhaltsübersicht

EINFÜHRUNG	6
HIER BEGINNEN	7
IMOVIE FÜR...	7
FANGEN WIR AN!	8
MAGISCHER FILM-MODUS	14
MAGISCHE MOMENTE IN SEKUNDENSCHNELLE	14
EIN ALBUM ERSTELLEN	14
MAGISCHE MOMENTE SCHAFFEN	19
TEILEN UND ABSPIELEN VIDEO	31
VERSCHIEBEN VIDEO VOM IPHONE / IPAD AUF DEN MAC	35
STORYBOARD-MODUS	38
BEARBEITUNG VON EIN STORYBOARD	48
EINEN FILM VON GRUND AUF NEU ERSTELLEN	51
Manuelle Bedienelemente	55
Übergänge hinzufügen	57
IMOVIE FÜR MACOS	59
Herunterladen von iMovie	60
Ein neues Projekt beginnen	60
Erstellen Ihres ersten Films	62
Erstellen von Titeln, Hintergründen, Übergänge, und mehr	64
Management des Filmeditors	65
Bearbeitung von Clips	65
Bearbeiten a Clip	70
Voiceover hinzufügen	73
Ein Thema hinzufügen	73
Sparen / Teilen Film	74
INDEX	75
ÜBER DEN AUTOR	77

EINFÜHRUNG

Während viele Menschen beim Einschalten ihres iPhones oder iPads in erster Linie an beeindruckende Fotos denken, ist die Videofunktion so gut, dass sie von professionellen Filmemachern genutzt wird.

Aber Videos aufzunehmen und sie dann in einen Film zu verwandeln, der sich wie ein Kinofilm anfühlt, sind zwei verschiedene Dinge. Ja, man kann Videos einfach aufnehmen und ansehen - aber wie sieht es mit der Bearbeitung aus? Wie kann man sie mit coolen Effekten versehen? Was ist mit dem Einfügen anderer Videos?

Bei Apple funktionieren die Dinge einfach. Sie haben eine brillante Art, Dinge, die früher kompliziert waren, einfach zu machen.... Das gilt besonders für die iMovie Software von Apple.

In diesem Buch erfahren Sie alles, was Sie wissen müssen, um großartige Videos zu erstellen, die Sie mit Familie und Freunden teilen können. Einige der Dinge, die Sie darin entdecken werden:

- Magic Movie verwenden
- Entwerfen Sie Ihren Film mit Storyboard
- Verwenden des Cinematic-Modus
- Hinzufügen von Spezialeffekten
- Hinzufügen von Soundtracks
- Verschieben von Filmen von iOS/iPadOS nach macOS

- Verwendung von Bild-in-Bild
- Und vieles mehr!

Sind Sie bereit, loszulegen?!

[1]
Hier beginnen

IMOVIE FÜR...

Das erste, was Sie über iMovie wissen müssen, ist, dass es für drei verschiedene Geräte entwickelt wurde. Wenn ich also "iMovie" sage - was meine ich dann? iMovie... für iPad? iMovie... für Mac? Oder iMovie... für iPhone.

Kurz gesagt: Ja. iMovie für all diese Dinge.

Wenn du iMovie auf dem iPhone öffnest, wird es anders aussehen als auf dem iPad, das wiederum anders aussieht als auf dem Mac. Aber Sie müssen erkennen, dass es keine Rolle spielt. Die Dinge werden sich an leicht unterschiedlichen Stellen befinden, aber sie funktionieren im Wesentlichen alle gleich.

Der Schwerpunkt dieses Buches wird das iPad sein. Der Grund ist, dass es einfacher ist zu sehen, wie man Dinge auf diesen größeren Bildschirmen macht. Aber die Logik dessen, was Sie hier lernen, kann auch auf iPhone und Mac angewendet werden. Ich werde mein Bestes tun, um zu zeigen, wo die Dinge im Buch anders sind.

FANGEN WIR AN!

Wählen Sie das Gerät Ihrer Wahl und sehen Sie sich um! Unter MacOS werden Sie mit einem großen Willkommensbildschirm begrüßt. Der ist leider viel beeindruckender als das, was danach kommt.

Wenn Sie auf *"Weiter"* klicken und loslegen, erscheint der Software-Bildschirm. Der ist ziemlich kahl, oder? Deshalb wird sich ein Großteil dieses Buches auf das iPad konzentrieren - es ist viel einfacher, Ihnen zu zeigen, wo die Dinge auf dem iPad sind, und es gibt mehr Funktionen, die in jedes dieser Geräte eingebaut sind. Aber keine Sorge! Wenn Sie kein iPad haben, lasse ich Sie nicht im Dunkeln stehen!

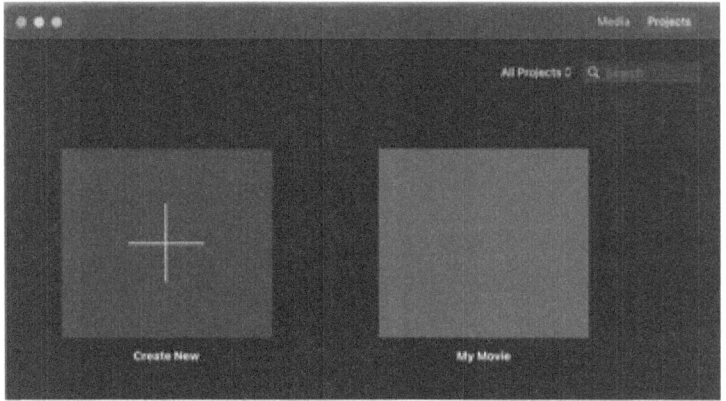

Schauen wir uns also die Bildschirme von iPhone und iPad an. iPhone und iPad könnten sich auch ein wenig... kahl anfühlen; es gibt nur drei Optionen. Aber diese Optionen sind vollgepackt mit Funktionen.

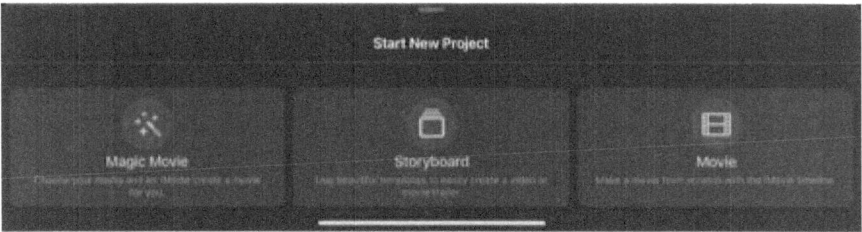

Dieses Menü wird Ihnen erhalten bleiben, aber manchmal wird es minimiert, wie unten zu sehen ist - wischen Sie in diesem Fall einfach nach oben.

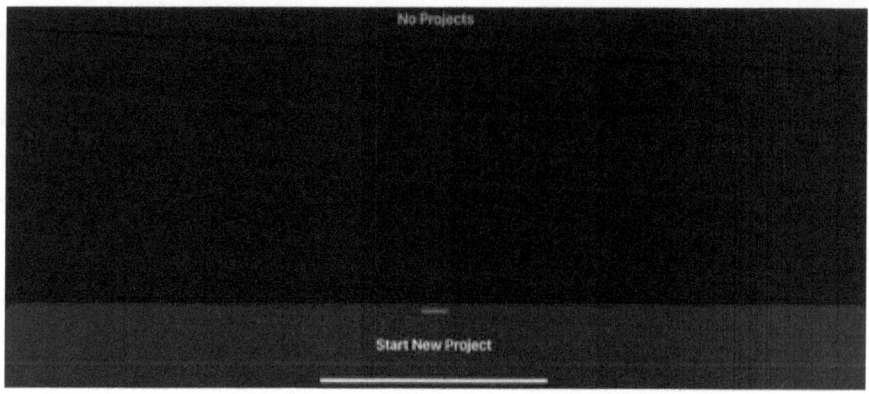

Die erste Option, die Sie sehen werden, ist *Magic Movie*. Wie der Name schon sagt, geschieht die Filmerstellung quasi auf magische Weise - allerdings können Sie auch manuelle Änderungen vornehmen, auf die ich später im Buch eingehen werde. Auf dem iPhone funktioniert es genauso, aber auf dem Mac können Sie nur die Videos bearbeiten, die Sie auf Ihrem iPad erstellt haben.

Storyboard können Sie vorgefertigte Vorlagen auswählen, so dass Sie beispielsweise eine Vorlage für Geburtstage finden. Zum jetzigen Zeitpunkt gibt es 20 Vorlagen zur Auswahl.

Schließlich gibt es noch einen Modus, in dem alles von Grund auf neu gemacht wird und alles manuell erfolgt.

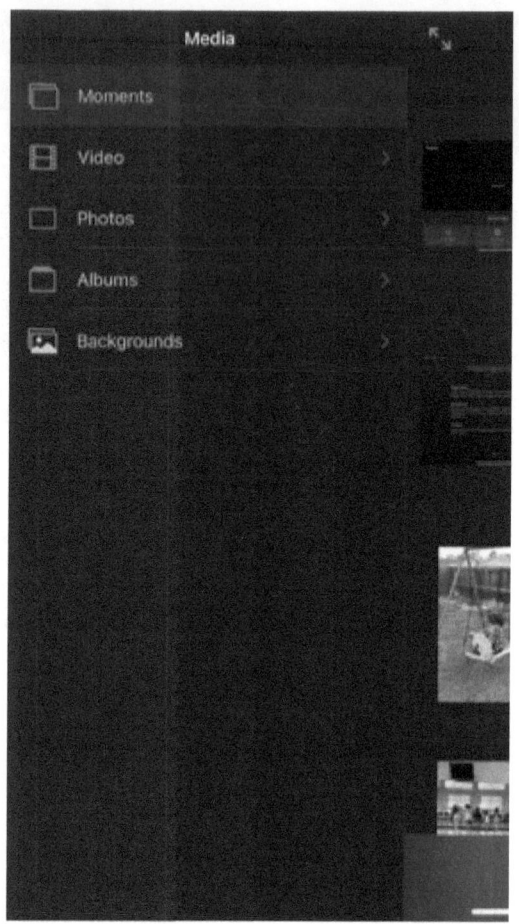

Wenn du dir das iPhone ansiehst, wirst du schnell feststellen, dass diese Dinge gleich funktionieren - sie sehen nur ein wenig anders aus. Die Tasten sind übereinander und nicht nebeneinander angeordnet.

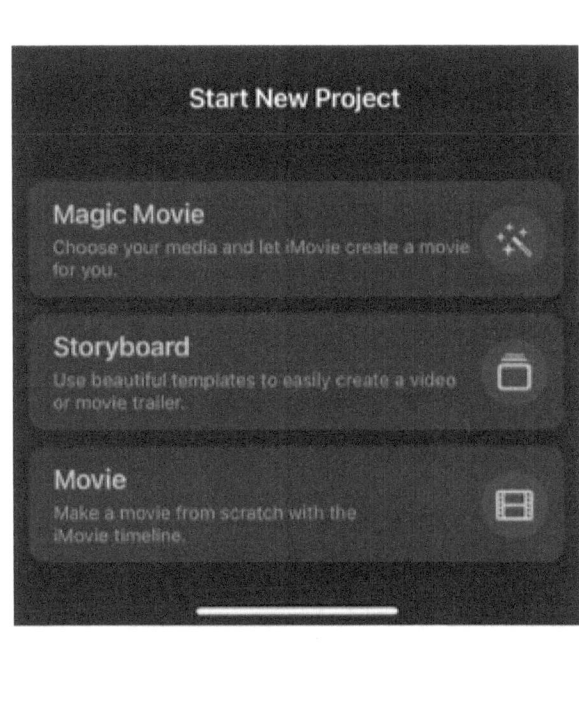

[2]
Magischer Film-Modus

MAGISCHE MOMENTE IN SEKUNDENSCHNELLE

Wenn Sie keine Zeit haben, sich in Steven Spielberg zu verwandeln, und einfach nur ein mühelos erstelltes Video wollen, dann ist *Magic Moments* die beste Option für Sie.

Magische Momente erstellt in Sekundenschnelle ein thematisches Video auf der Grundlage Ihres Albums.

Bevor Sie Ihr erstes magisches Video erstellen, müssen Sie ein Album erstellen. Schauen wir uns also kurz an, wie das geht.

EIN ALBUM ERSTELLEN

Technisch gesehen könnten Sie die Fotos auch einzeln hinzufügen, aber bei dieser leistungsstarken Funktion geht es vor allem um Schnelligkeit: Sie wollen ein Video erstellen, das Sie schnell weitergeben können. Dazu ist es am besten, es aus einem Album zu erstellen.

Es gibt ein paar Möglichkeiten, die Sie nutzen können. Ich zeige Ihnen zuerst den manuellen Weg, dann zeige ich Ihnen einen Weg, der vielleicht ein wenig schneller ist.

Die manuelle Methode besteht darin, zuerst die Fotos App und tippen Sie dann auf die Schaltfläche *Auswählen* in der oberen rechten Ecke.

Tippen Sie von hier aus auf die Fotos, die Sie in Ihr Album aufnehmen möchten.

Sobald Sie alle gewünschten Fotos ausgewählt haben, gehen Sie in die untere linke Ecke und wählen Sie das quadratische Symbol mit dem Pfeil nach oben.

Daraufhin wird eine neue Reihe von Optionen angezeigt. Sie können entweder ein gemeinsames Album oder ein normales Album erstellen; ein gemeinsames Album ist ein Album, das andere Personen sehen können. Sie werden feststellen, dass hier "Hinzufügen zu..." steht. Etwas verwirrend, oder? Sie fügen nichts zu einem Album hinzu - Sie möchten ein neues Album erstellen. Aber keine Sorge. Das können Sie tun, wenn Sie auf die Option *Zu Album hinzufügen* oder *Zu gemeinsamem Album hinzufügen* tippen.

Sobald Sie auf *Zum Album hinzufügen* tippen, sehen Sie, was eine der ersten Optionen ist: *Neues Album*. Tippen Sie darauf, um Ihr Album zu erstellen.

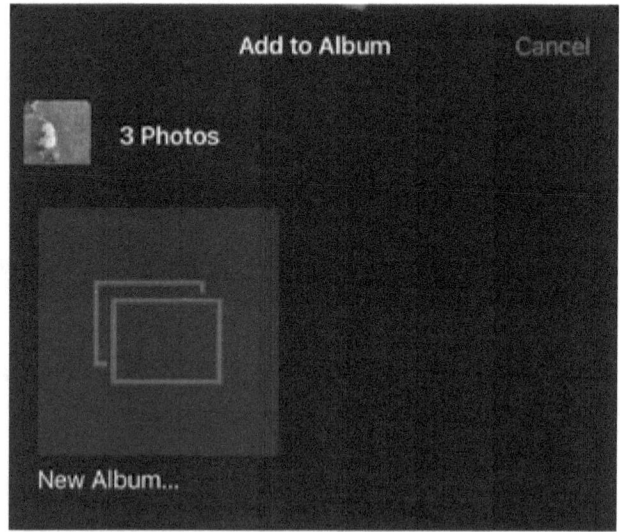

Sie werden aufgefordert, Ihr Album zu benennen. Nennen Sie es, wie Sie wollen.

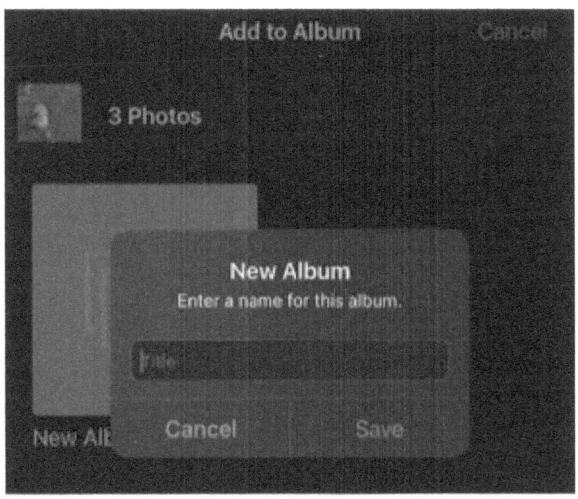

Ziemlich einfach, oder? Aber ich habe gesagt, dass es noch einen anderen Weg gibt, der vielleicht etwas einfacher ist. Manuelles Erstellen von Alben ist einfach, wenn Sie aktuelle Fotos verwenden. Aber was ist, wenn Sie ein Album über Ihre Reise nach Paris vor fünf Jahren erstellen möchten? Sie wollen doch nicht fünf Jahre zurückblättern, oder? Sie können es schnell finden, indem Sie auf das Suchsymbol in der unteren rechten Ecke tippen.

Ich werde eine Suche nach Dog starten. Die KI von Apple ist ziemlich schlau. Sie kann erkennen, ob ein Hund auf dem Foto zu sehen ist, und kennzeichnet es als solchen. In dem Beispiel unten hat sie über 400 Bilder von Hunden gefunden.

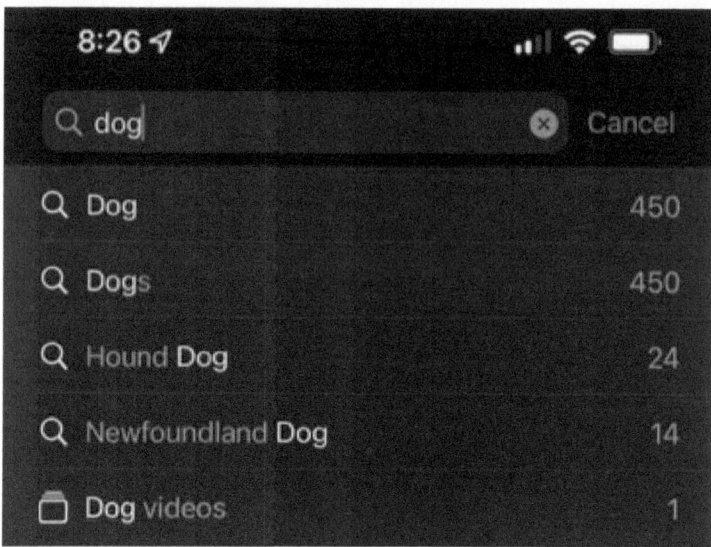

Das ist zwar immer noch eine Menge, aber viel einfacher zu handhaben, als sie manuell zu suchen. Sie können nach Personen, Orten, Tieren und sogar Objekten (wie Blumen) suchen. Von hier aus wiederholen Sie einfach die oben genannten Schritte, wählen die gewünschten Fotos aus und erstellen Ihr Album.

Alben ist der Ort, an dem Sie wirklich anfangen können, Dinge zu organisieren. Erinnern Sie sich daran, dass ich oben sagte, dass ein Foto, das Sie mit der Gefällt mir-Taste markieren, in den Favoriten-Ordner gelangt. Hier finden Sie diesen Ordner. Um ein Album hinzuzufügen, tippen Sie auf die Schaltfläche +.

MAGISCHE MOMENTE SCHAFFEN

Jetzt, wo wir unsere Alben haben, können wir ein paar magische Momente schaffen! Sobald Sie auf die Option *"Magischer Film"* tippen, werden Sie aufgefordert, das Album auszuwählen.

Der Titel des Videos entspricht dem Namen Ihres Albums. Im Beispiel unten heißt es also "Horse Riding".

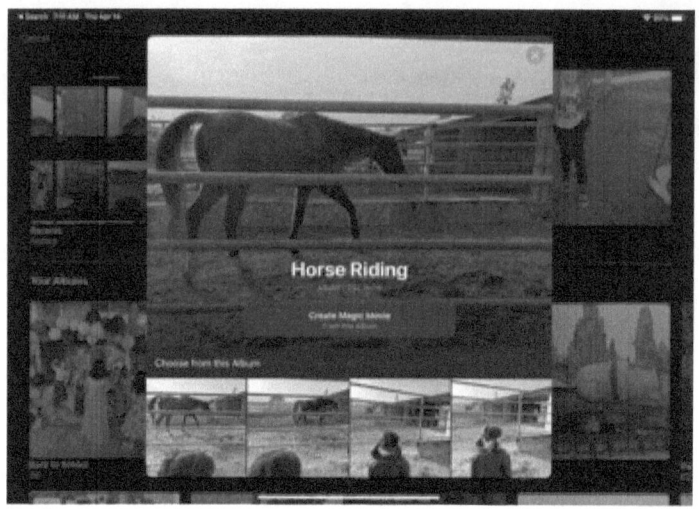

Auf dem iPhone ist das Erlebnis genau dasselbe - die Dinge sind nur anders angeordnet.

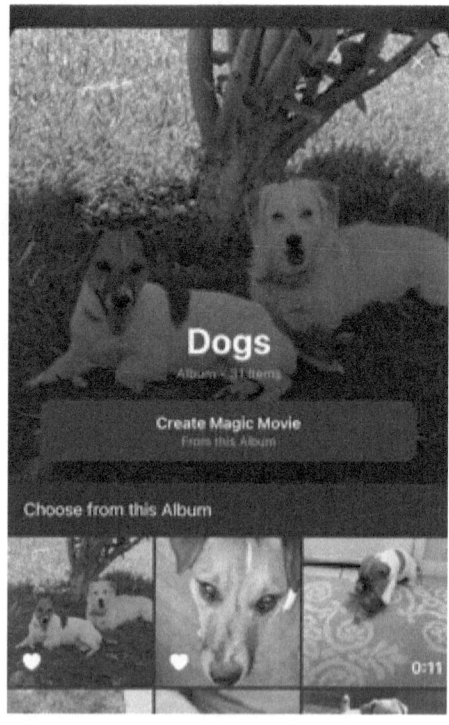

Es wird einen Moment dauern, bis das Album erstellt ist. Haben Sie etwas Geduld. Wenn es sich um ältere Fotos handelt, werden sie wahrscheinlich von iCloud heruntergeladen.

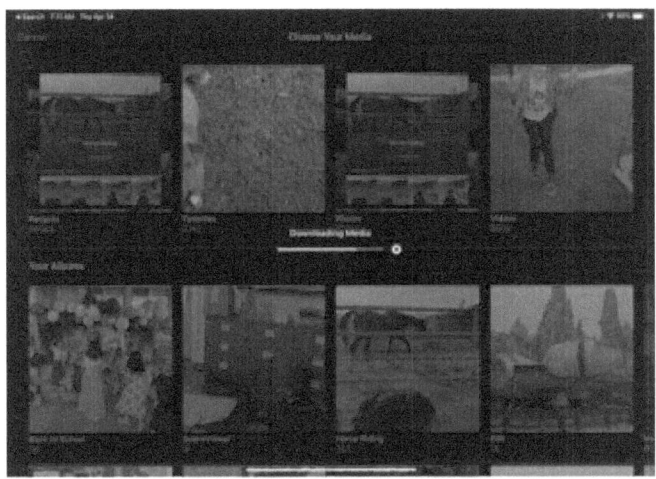

Sobald es erstellt ist, wird es in einem Video-Editor angezeigt.

Und auch hier wird das iPhone anders gestaltet sein, aber alle Funktionen werden gleich funktionieren.

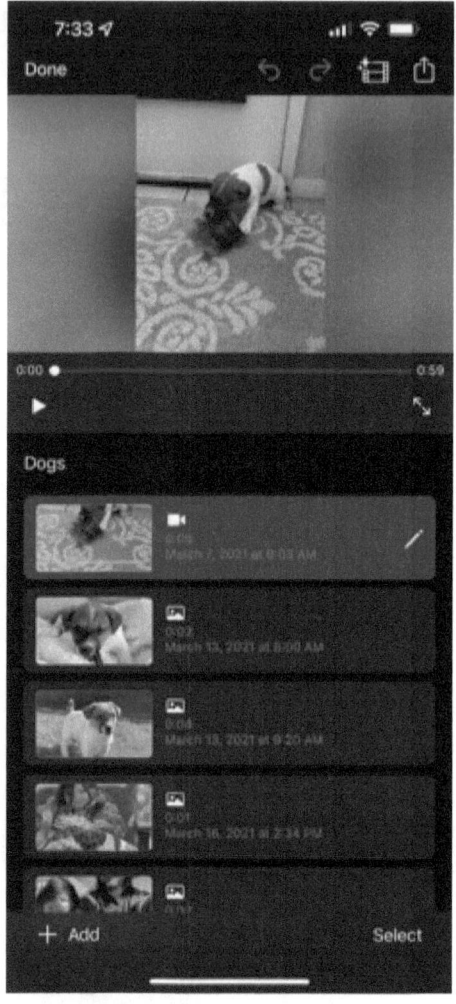

Möglicherweise arbeiten Sie mit einem ziemlich großen Album. Das Album, das ich verwende, enthielt zum Beispiel über 200 Bilder und Videos (ich sage hier Bilder, weil der Film sowohl Bilder als auch Videos enthalten kann - er kann sogar nur Bilder enthalten; selbst wenn es nur Bilder sind, bewegt iMovie sie so, dass es sich ein bisschen wie ein Video anfühlt). iMovie hat nicht alle aufgenommen. Die magische KI hat entschieden, was sie für das beste Bild hält. Wie Sie wahrscheinlich wissen, sind Computer ziemlich schlau - aber sie sind nicht perfekt. Und es wird einige Bilder geben, die Sie vielleicht nicht mögen oder die Sie verschieben möchten. Um sie zu verschieben, tippen Sie auf die Miniaturansicht und halten Sie sie gedrückt, während Sie sie an die gewünschte Stelle ziehen.

Wenn Sie den Clip löschen, ändern oder bearbeiten möchten, tippen Sie auf das kleine Stiftsymbol rechts neben dem Clip. Um ihn zu ändern, tippen Sie auf die Option *Ersetzen*. Um ihn zu bearbeiten oder zu löschen, tippen Sie auf die Option *Clip bearbeiten* (ja, um ihn zu löschen, müssen Sie ihn bearbeiten).

Im Bearbeitungsmenü sehen Sie eine Vielzahl von Optionen. Sehen Sie unter dem Bild diese gelben Balken links und rechts vom Clip? Damit können Sie die Länge des Videos verlängern oder verkürzen.

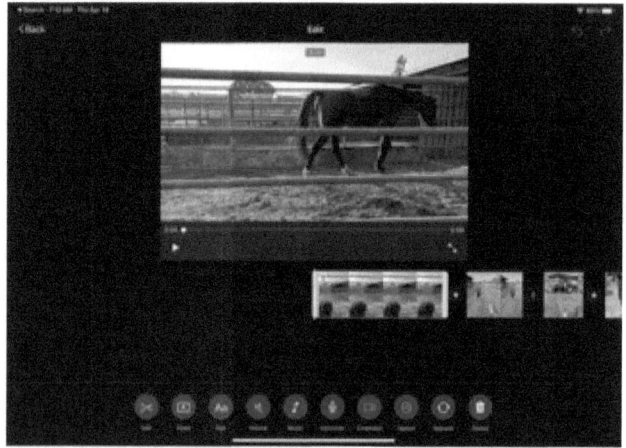

Darunter gibt es eine Reihe von Optionen für verschiedene Dinge, die Sie dem Clip hinzufügen oder an ihm ändern können. Schauen wir uns ein paar davon an, beginnend mit "Titel." Mit "*Titel*" können Sie das Layout des

Fotos ändern; es gibt mehrere Layouts, aus denen Sie wählen können.

Wenn der Clip Text enthält - oder Sie Text hinzufügen möchten -, verwenden Sie die Option *Text*, um ihn hinzuzufügen.

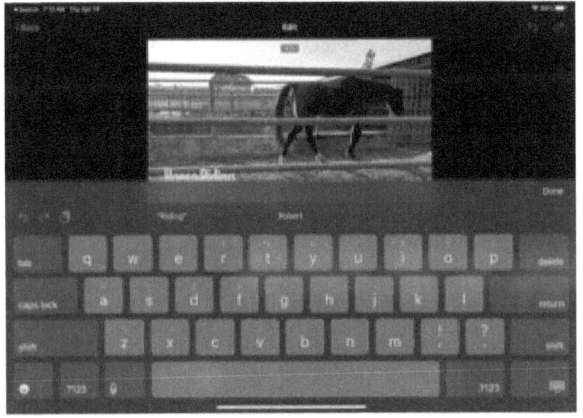

Mit Lautstärke können Sie die Lautstärke anpassen; mit *Musik*, direkt neben *Lautstärke*, können Sie den Soundtrack auswählen, der mit Ihrem Video abgespielt wird (oder Sie können die Musik ausschalten); *Soundtracks* werden von Apple erstellt; darunter befindet sich *Meine Musik*, das sind die Lieder, die Sie in Ihrer Bibliothek haben. Wenn Sie vorhaben, das Video in sozialen Medien zu veröffentlichen (z. B. Facebook oder YouTube), sollten Sie mit dieser Option vorsichtig sein - die Lieder sind lizenziert und wenn sie im Hintergrund des Videos abgespielt werden, kann das Video entfernt werden.

Die verbleibenden Optionen hier sind *Voiceover*, *Filmisch*, *Geschwindigkeit*, *Ersetzen* und *Löschen*. Mit "Voiceover" können Sie dem Video Ihre Stimme hinzufügen; "Filmisch" gilt nur, wenn Sie den Modus "Filmisch" auf Ihrem iPhone verwendet haben; *"Geschwindigkeit"* gibt an, wie schnell sich der Clip bewegt; *"Ersetzen"* ermöglicht es Ihnen, den Clip durch etwas anderes zu ersetzen; und *"Löschen"* ermöglicht es Ihnen, den Clip vollständig zu löschen.

Wenn Sie fertig sind, brauchen Sie nicht zu speichern. Tippen Sie einfach auf die Schaltfläche Zurück. Zurück auf dem Hauptbildschirm in der oberen linken Ecke sehen wir uns einige weitere Optionen an. Auf *"Fertig"* tippen Sie, wenn Sie mit allem fertig sind; der geschwungene linke Pfeil steht für *"Rückgängig"* und direkt daneben für *"Wiederherstellen"* (damit können Sie Bearbeitungen, die Ihnen nicht gefallen, rückgängig machen oder wiederherstellen). Mit dem letzten Symbol - dem mit dem Filmstreifen und den Sternen - können Sie den Stil des Videos ändern.

Es gibt mehrere vorgefertigte Stile, die Sie verwenden können. Tippen Sie auf einen der Stile, um zu ihm zu wechseln.

Darunter gibt es vier Optionen: *Musik*, *Schriftart*, *Farbe* und Filter. Diese verhalten sich wie die Optionen, die wir gerade auf den vorherigen Bildschirmen gesehen haben. Mit *Musik* können Sie ändern, was im Film abgespielt wird.

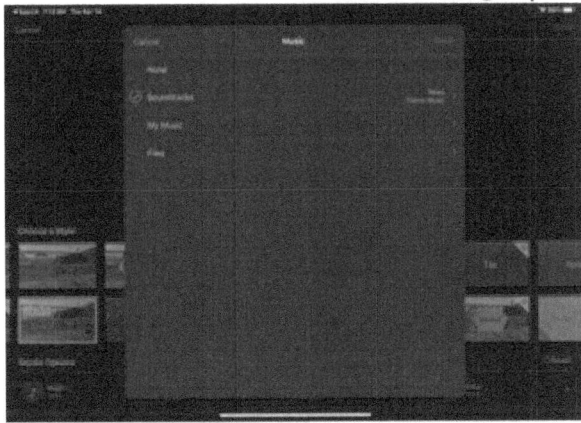

Schriftart ändert die Schriftart des angezeigten Textes.

Farbe nimmt Änderungen an den Rahmenfarben vor.

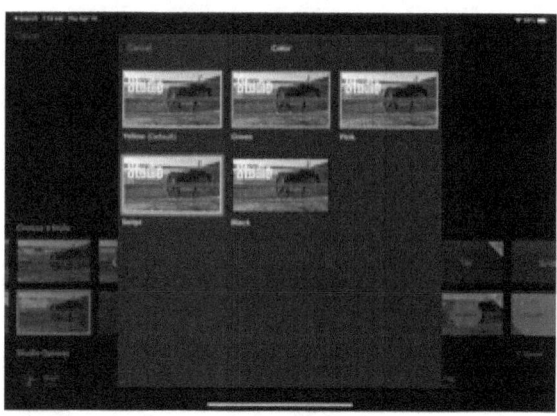

Mit Filter können Sie Ihre Clips mit einem Filter versehen, z. B. alle Clips schwarz-weiß machen.

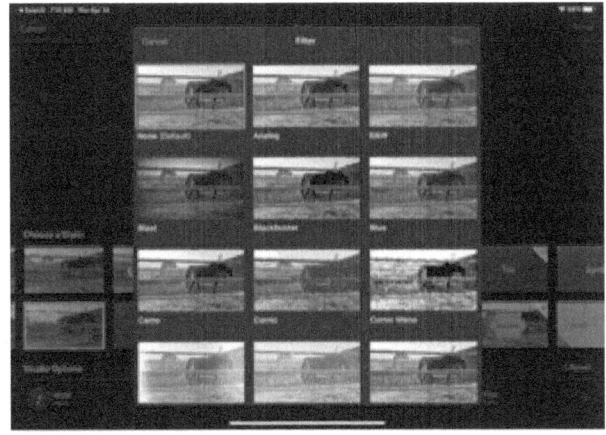

Unten links auf dem Hauptbildschirm finden Sie die Option *"Hinzufügen"*. Damit können Sie manuell weitere Bilder oder Videos hinzufügen, die die KI beim Zusammenstellen des Videos übersehen haben könnte.

Wenn Sie Ihr erstaunliches Video mit anderen teilen möchten, klicken Sie auf das Quadrat mit dem Pfeil nach oben in der oberen rechten Ecke des Hauptbearbeitungsmenüs.

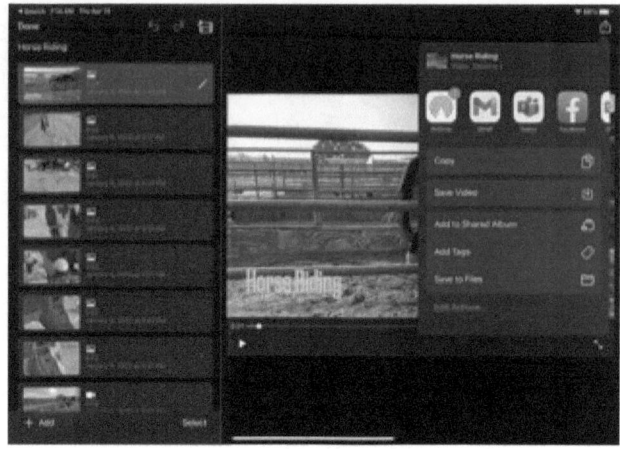

Wenn Sie schließlich auf "Fertig" tippen, kehren Sie zum Hauptfenster von iMovie zurück.

Wenn Sie auf die Miniaturansicht des Videos tippen, gelangen Sie in das Videomenü. Von hier aus können Sie es bearbeiten, abspielen, teilen oder löschen.

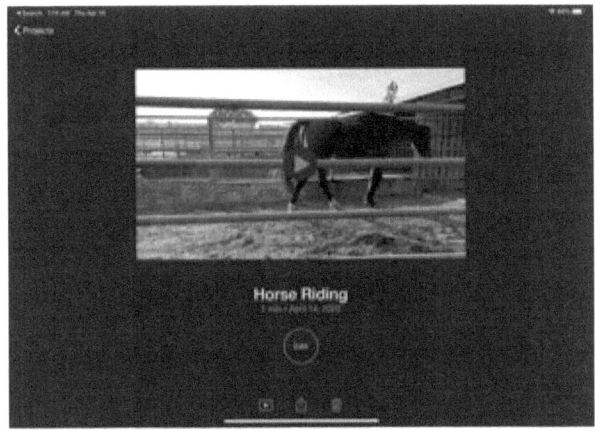

Wenn Sie auf "Abspielen" klicken, wird sofort ein Vollbildfenster geöffnet und das Video abgespielt.

TEILEN UND ABSPIELEN VIDEO

Wenn Sie das erstellte Video teilen möchten, tippen Sie einfach auf das quadratische Symbol mit dem Pfeil nach oben und wählen Sie dann aus, wie Sie es teilen möchten. In diesem Menü können Sie dem Video auch Tags hinzufügen (diese

Tags sind durchsuchbar, so dass das Video leichter zu finden ist, wenn Sie mehrere Videos erstellen).

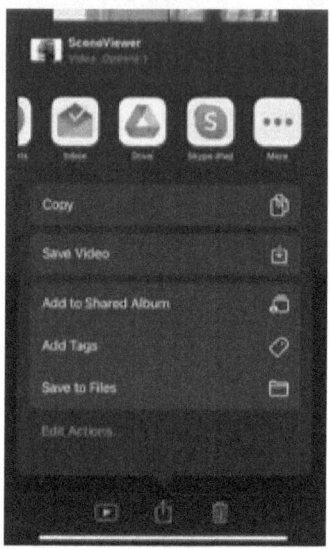

Unter dem Titel des Videos sehen Sie blauen Text mit der Aufschrift *Optionen*. Dort können Sie die Auflösung des Videos ändern, um es für verschiedene Bildschirme zu verkleinern.

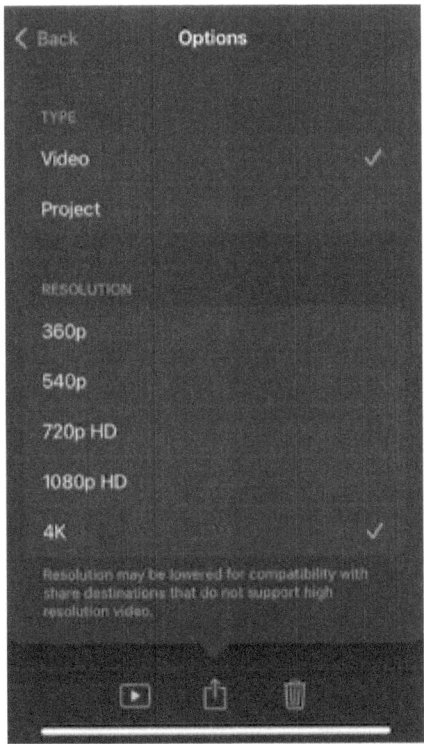

Wie wäre es, das Video auf einem großen Fernseher anzusehen? Auf diesen Bildschirmen ist es nicht offensichtlich, aber Sie können AirPlay dafür verwenden. Um AirPlay zu verwenden, wischen Sie von der oberen rechten Ecke nach unten, um das Bedienfeld aufzurufen.

Tippen Sie von hier aus auf die beiden übereinander liegenden rechteckigen Felder.

Daraufhin werden alle Bildschirme angezeigt, auf die Sie Ihr Video drahtlos übertragen können. Wenn Sie Ihren Bildschirm nicht sehen, vergewissern Sie sich, dass es sich um ein kompatibles Gerät (z. B. ein Apple TV) handelt, das sich im selben Wi-Fi-Netzwerk befindet.

VERSCHIEBEN VIDEO VOM IPHONE / IPAD AUF DEN MAC

Sehen wir uns nun an, wie wir die Bearbeitung auf dem Mac fortsetzen können. Bevor wir das tun, möchte ich jedoch kurz darauf hinweisen, dass dieser Schritt optional ist. Sie können alles auf Ihrem iPhone oder iPad machen.

Wie bei den meisten Dingen auf dem Mac haben Sie mehrere Möglichkeiten, die Datei freizugeben, aber alles beginnt mit der Schaltfläche *Freigeben*. Bevor Sie es jedoch freigeben, müssen Sie auf die Schaltfläche "*Optionen*" oben in diesem Fenster klicken und dann den Typ von "*Video*" auf "*Projekt*" umstellen. Wenn Sie dies nicht tun, geben Sie eine MOV-Datei frei, die nicht dasselbe ist wie eine iMovie-Projektdatei.

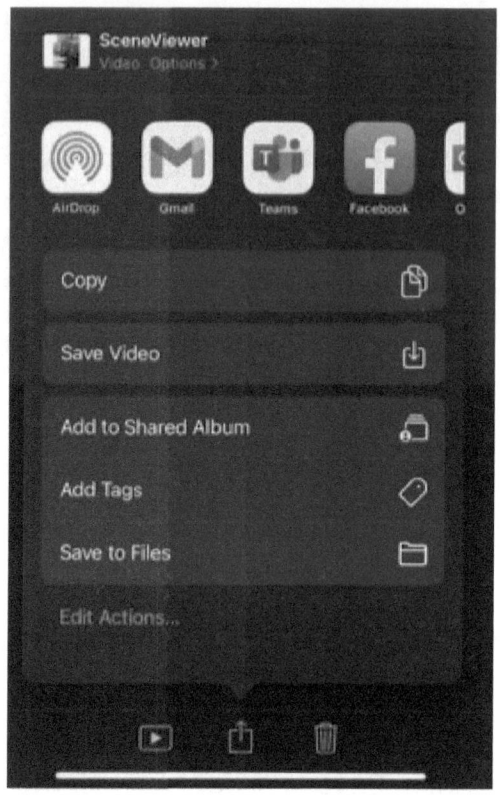

Sobald Sie den Wechsel vollzogen haben, können Sie es per E-Mail versenden, ein USB-C-Gerät anschließen und es auf diesem Gerät speichern oder eine Reihe anderer Plattformen verwenden. Ich persönlich finde jedoch, dass *AirDrop* der einfachste Weg ist, es zu tun. Vorausgesetzt, Sie befinden sich in der Nähe Ihres Macs und im selben Netzwerk, können Sie es in wenigen Sekunden drahtlos übertragen.

Wenn Sie Ihren Mac nicht sehen, wenn Sie diese Aktion durchführen, ist es möglich, dass *AirDrop* nicht aktiviert oder nicht richtig eingerichtet ist. Klicken Sie auf die *Systemsteuerung* in der oberen rechten Ecke Ihres Macs (links neben der Siri-Taste). *AirDrop* sollte blau sein. Wenn dort "*Nur Kontakte*" steht, können Sie darauf klicken und es auf "*Alle*" einstellen, um zu sehen, ob das Problem dadurch behoben wird. Sobald die Datei übertragen wurde, finden Sie sie im Bereich "Downloads" des Finders.

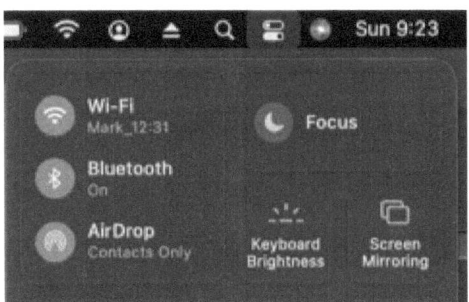

Sobald Sie die Datei gefunden und geöffnet haben, wird iMovie gestartet, wo Sie mit den Änderungen beginnen können. Machen Sie sich keine Gedanken darüber, wie Sie diese Änderungen vornehmen... noch nicht. Das werde ich im letzten Kapitel behandeln.

[3]
Storyboard-Modus

Vor Jahren, als iMovie zum ersten Mal auf iOS veröffentlicht wurde, gab es diese wirklich coole Funktion, mit der man Filmtrailer aus seinen eigenen Filmen erstellen konnte. Man wählte aus, was man machen wollte - einen Action-Trailer, eine Romanze, einen Thriller usw. Dann hieß es zum Beispiel: "Finde ein 30-Sekunden-Video mit zwei Personen, die gehen." Am Ende hat man dann einen lustigen Filmtrailer, den man mit der Familie teilen kann.

Diesen Modus gibt es immer noch, aber Apple hat ihn überarbeitet. Anstatt nur Filmtrailer zu erstellen, können Sie eine Reihe anderer Dinge erstellen. Wenn Sie z. B. ein DIY-Video erstellen möchten, gibt es dafür eine Vorlage. Es wird eine Vorlage eingefügt, und du füllst einfach die Lücken aus.

Genau darum geht es im Storyboard-Modus.

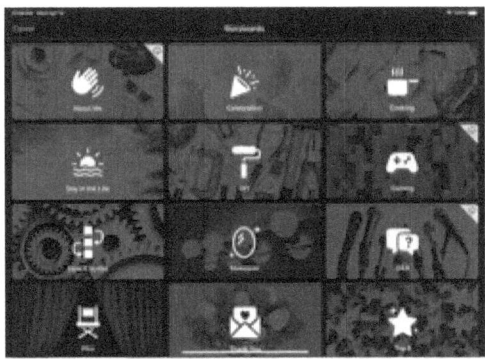

Zum Zeitpunkt der Erstellung dieses Dokuments stehen über 20 Vorlagen zur Auswahl:

- Über mich
- Feierlichkeiten
- Kochen
- Ein Tag im Leben
- DIY
- Spielen
- Wie es funktioniert
- Umgestaltung
- FRAGEN UND ANTWORTEN
- Film
- Dankeschön
- Top 5
- Reise
- Wellness
- Produkt-Pitch
- Produktbewertung
- Enthüllen Sie
- Buchbericht
- Nachrichtenbericht
- Wissenschaftliches Experiment
- Anhänger

Jetzt sind sie alle auf Ihrem iPhone oder iPad - das bedeuten die kleinen Wolkensymbole in der oberen rechten Ecke. Wenn Sie iMovie verwenden, wo Sie vielleicht kein Internet haben, können Sie nach unten gehen und *Alle laden* wählen.

Sobald Sie sich für eine Vorlage entschieden haben, müssen Sie diese anpassen. Auch hier werden Sie feststellen, dass einige Elemente heruntergeladen werden müssen. Das ist nur, um Speicherplatz zu sparen, aber es sind sehr schnelle Downloads. Denken Sie einfach daran, wenn Sie an diesem Projekt ohne Internet arbeiten werden.

Und denken Sie daran, dass das iPhone genauso funktioniert; die Dinge sind nur etwas anders angeordnet. Aber wenn Sie wissen, wie man iMovie auf dem iPad verwendet, dann wissen Sie auch, wie man es auf dem iPhone verwendet.

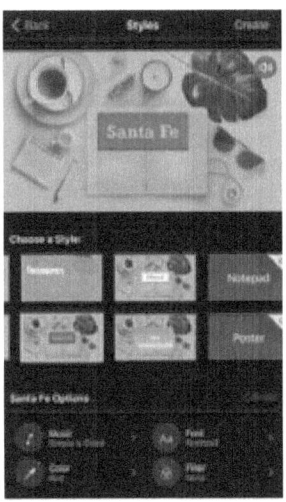

Nachdem Sie alle gewünschten Anpassungen vorgenommen haben, tippen Sie auf *Erstellen* in der oberen rechten Ecke. Sehen wir uns nun einige der Anpassungen an, die Sie vornehmen können. *Stile* ist die naheliegendste Wahl; dies ist das allgemeine Aussehen Ihres Videos - die Arten von Hintergründen, die z. B. auf dem Titel erscheinen werden. Scrollen Sie nach unten, und Sie finden weitere Optionen. Die erste ist *Musik*. Dies funktioniert genauso wie bei Magic Movie: Sie können den von Apple vorgeschlagenen Standard-Soundtrack verwenden, unter *Soundtracks* etwas anderes auswählen oder in Ihrer Musikbibliothek nach einem Titel suchen. *Soundtracks wird* von Apple erstellt; *Meine Musik* besteht aus Ihren eigenen Songs.

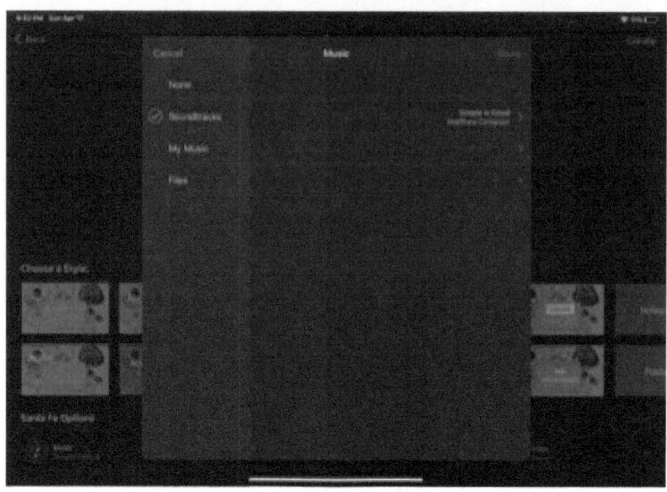

Neben der Musik ist die *Farbe*. Wie der Name schon sagt, können Sie mit der Option *Farbe* die Hintergrundfarben auswählen, die in Ihrem Video erscheinen sollen.

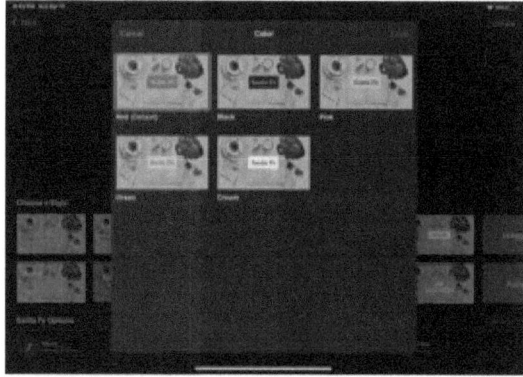

Mit der Option *Schriftarten* können Sie die beste Schriftart für Ihr Video auswählen.

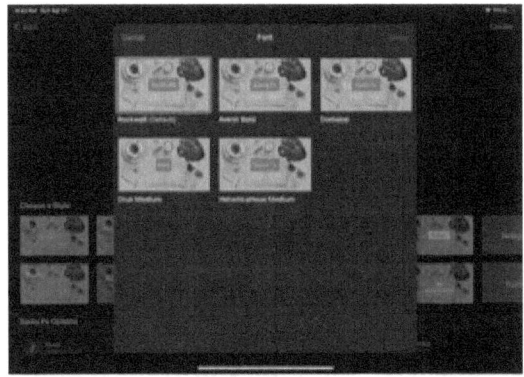

Mit der Option *Filter* schließlich können Sie Ihr Video mit Filtern versehen, z. B. um es schwarz-weiß aussehen zu lassen oder ihm einen satten Farbton zu verleihen.

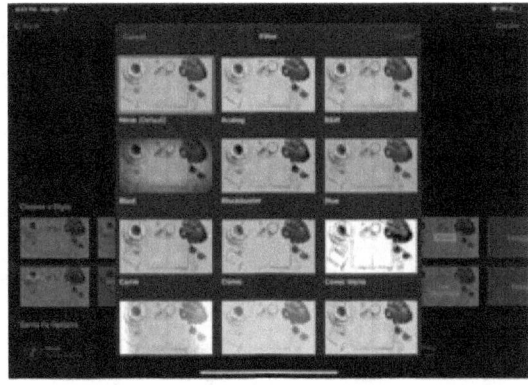

Sobald Sie die gewünschten Anpassungen vorgenommen haben, tippen Sie oben rechts auf *Erstellen*.

Sie werden nun in den Haupteditor geführt. Wie der Name schon sagt, soll diese Oberfläche einem Storyboard ähneln in einer Filmproduktion. Sie bietet Ihnen also eine Art Drehbuch - beachten Sie, dass jeder Abschnitt einen Namen hat (z. B. Wer, Was, Erfahrung usw.). Dies sind die Themen der einzelnen Abschnitte; unter *"Wer"* finden Sie beispielsweise ein Video mit Ihnen selbst, in dem Sie erklären, wer Sie sind - die Vorlage, die ich ausgewählt habe, war "Über mich", ein Mini-Bio-Video; hätte ich etwas anderes ausgewählt (wie "Spiele", "Heimwerken", "Umstyling" usw.), wären andere Storyboards aufgeführt worden. In jedem Abschnitt wird angegeben, welche Art von Aufnahme Sie verwenden sollten. Im Beispiel unten wird zum Beispiel gesagt, dass die erste Aufnahme eine mittlere Aufnahme sein soll - also nicht aus der Ferne und nicht aus der Nähe - und es wird auch eine Vorschau einer Person gezeigt, die ungefähr die Position der Aufnahme darstellen soll.

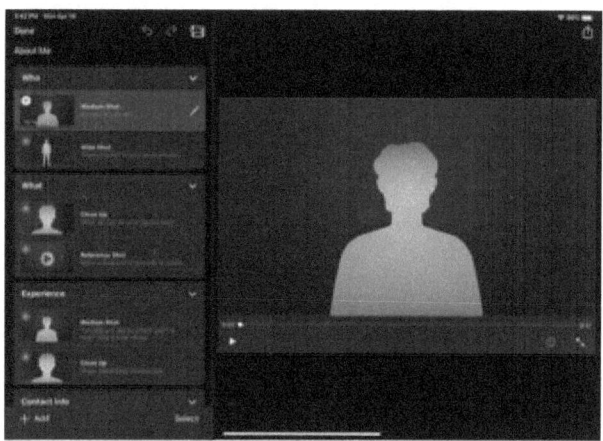

Sie können auf die Pfeilsymbole auf der rechten Seite tippen, um einen Abschnitt ein- oder auszuklappen.

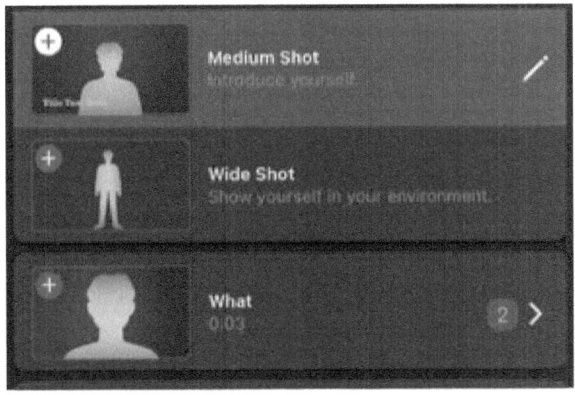

Sie können auch unten links auf *Hinzufügen* tippen, um manuell ein Video oder einen Clip hinzuzufügen, der sich nicht im Storyboard befindet.

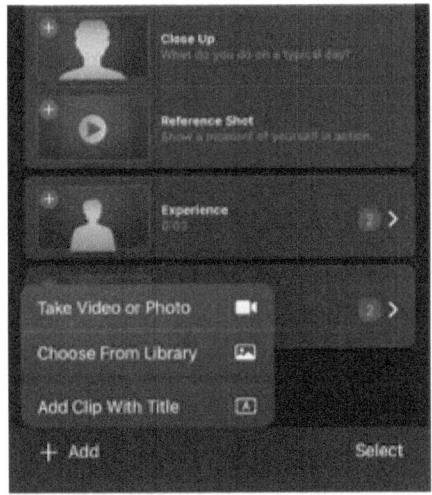

Um ein Video zum Storyboard hinzuzufügenklicken Sie auf das Symbol + in der Miniaturansicht.

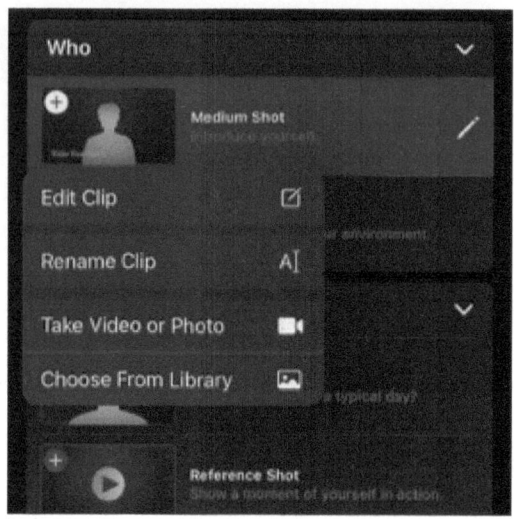

Sie können dies auch tun, indem Sie auf das Bleistiftsymbol rechts daneben tippen. In diesem Menü können Sie den Clip auch umbenennen. Wenn Ihnen z. B. "Medium Shot" nicht gefällt, können Sie den Clip in einen anderen Namen umbenennen, der besser zu ihm passt - dieser Titel dient nur zu Informationszwecken während der Bearbeitung und wird im fertigen Video nicht angezeigt.

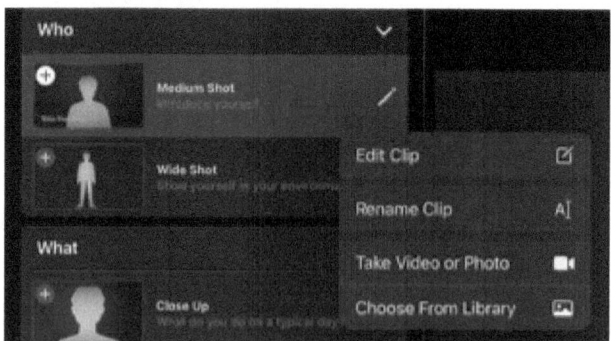

Wenn Sie in der Vorschau auf das i-Symbol tippen, wird Ihnen der Titel der Aufnahme angezeigt, die gerade in der Vorschau abgespielt wird.

Wenn Sie einen Fehler gemacht haben, können Sie die Rückgängig-Schaltfläche oben verwenden; Sie können auch das Video mit dem Sternsymbol verwenden, um die Formatierung zu ändern. Wenn Sie eine andere Schriftart/einen anderen Stil verwenden oder die Musik austauschen möchten, tippen Sie auf diese Schaltfläche.

Um das Video zu teilen, tippen Sie auf das Teilen-Symbol in der oberen rechten Ecke. Vergessen Sie nicht, dass Sie über die Schaltfläche *Optionen* oben zwischen der Freigabe eines Projekts und einer MOV-Datei wechseln können. MOV-Dateien können auf den meisten Geräten (auch auf Nicht-Apple-Geräten) angezeigt werden; Projektdateien erfordern iMovie zum Öffnen.

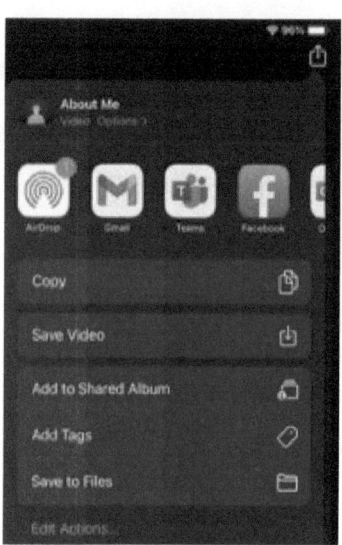

BEARBEITUNG VON EIN STORYBOARD

Storyboards sind ziemlich einfach, oder? Sie fügen einfach das Video oder Bild hinzu und sind fertig? So ungefähr. Aber das ist nicht immer der Fall. Manchmal möchten Sie Text in den Clip einfügen; manchmal soll der Clip länger oder kürzer sein; manchmal möchten Sie ein Voiceover; manchmal... Sie verstehen schon? Es gibt Zeiten, in denen Sie sich nicht mit allem zufrieden geben wollen, was in der Vorlage enthalten ist.

Wenn Sie Änderungen vornehmen möchten, fügen Sie Ihren Clip wie gewohnt ein, tippen Sie dann auf *Vorschau* und dann auf *Clip bearbeiten*.

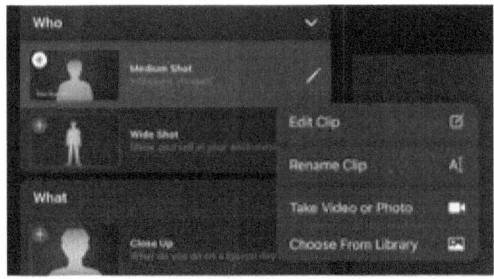

Daraufhin wird der Bearbeitungsbildschirm mit vielen zusätzlichen Funktionen angezeigt. Sie werden feststellen, dass Sie hier die gesamte Serie von Clips bearbeiten können - Sie bearbeiten nicht nur einen Clip, sondern das gesamte Video wird angezeigt.

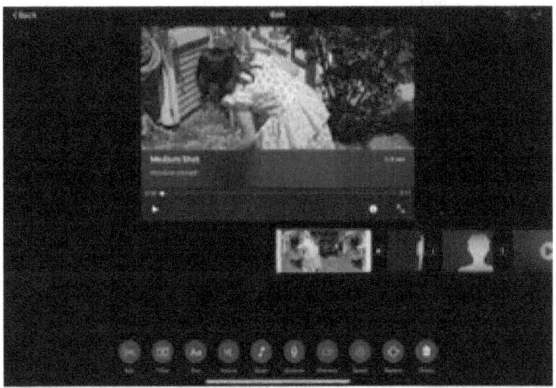

Eine der häufigsten Änderungen, die Sie vornehmen werden, ist die Länge eines Clips. Jeder Clip ist von einem gelben Rahmen mit zwei dicken gelben Rändern umgeben. Diese Ränder können nach innen und außen gezogen werden. Wenn Sie also beispielsweise den Anfang des Clips bearbeiten möchten, ziehen Sie den gelben Rand auf der linken Seite nach innen oder außen; wenn er sich am Ende des Clips befindet, verwenden Sie den rechten Rand.

Unten befindet sich eine Liste von Optionen, die Sie zu jedem Clip hinzufügen können. Die Betonung liegt auf dem Wort "Clip". Sie nehmen *nur* Änderungen an jedem ausgewählten Clip vor, nicht am gesamten Video. Wenn Sie also auf *Text* tippen, wird nicht dem gesamten Video Text hinzugefügt, sondern nur dem ausgewählten Clip.

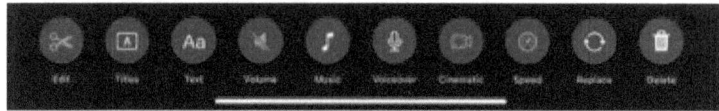

[4]
Einen Film von Grund auf neu erstellen

Der Magic Movie-Modus und der Storyboard-Modus sind großartig... aber manchmal möchten Sie die volle Kontrolle über Ihr Video haben. Dafür gibt es den manuellen Modus. Machen wir uns bereit für den Spielberg-Modus und finden wir heraus, wie er funktioniert.

Die gute Nachricht: Jetzt, wo Sie so weit gekommen sind, Der manuelle Modus ist gar nicht so schwer. Viele der Funktionen sind identisch, der einzige Unterschied besteht darin, dass es nicht ganz so viele Anleitungen gibt. Sie müssen Ihrer Kreativität freien Lauf lassen und alles selbst machen.

Als Erstes sehen Sie eine große Galerie, in der Sie auswählen können, was der Film enthalten soll. Sie sehen Momente (die auf der Grundlage dessen erstellt werden, was Ihr Telefon für wichtig hält), Videos, FotosAlben und Hintergründe. Wenn Sie nicht wissen, was Sie aufnehmen möchten, können Sie unten in der Mitte des Bildschirms *"Film erstellen"* auswählen und den Film ohne Videos erstellen.

Hintergründe hört sich irgendwie nach Hintergründen an, die Sie auf Ihr Gerät heruntergeladen haben. Ist es aber nicht. Es handelt sich eigentlich nur um die Auswahl der Hintergrundfarben.

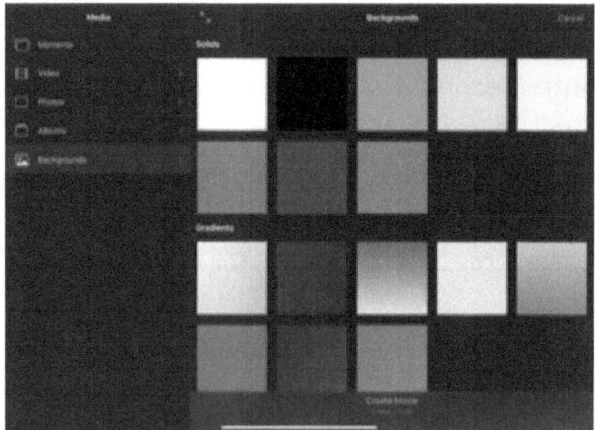

Wenn Sie *"Film erstellen"* wählen, sehen Sie entweder den Clip, den Sie ursprünglich ausgewählt haben, oder eine leere Vorschau. Von hier aus können Sie mit der Bearbeitung des Clips beginnen oder neue Clips hinzufügen. Um einen neuen Clip hinzuzufügen, gehen Sie in den rechten Menübereich, wo *Medien steht*. Sie finden Ihre Inhalte auf dieselbe Weise wie zuvor - und denken Sie daran, dass Sie Filme oder Fotos auswählen können.

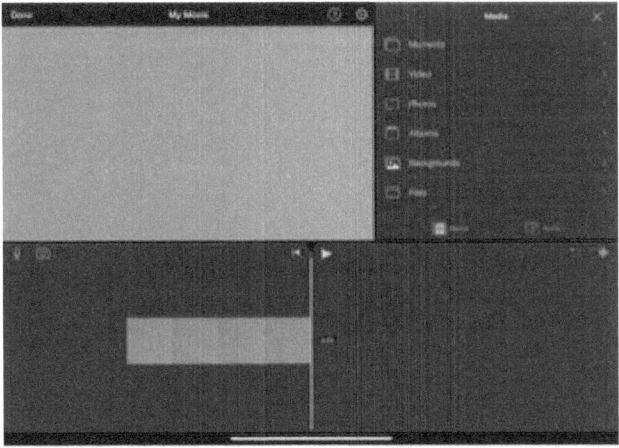

Um Speicherplatz zu sparen, entscheiden sich viele Menschen dafür, Videos und Fotos automatisch in iCloud zu speichern. So können Sie große Videos erstellen und müssen sich keine Sorgen machen, dass der Platz nicht ausreicht. Wenn Sie dies tun, müssen Sie sie jedoch erneut herunterladen, um sie zu verwenden. Ob sich Ihre Inhalte auf Ihrem Gerät oder in der Cloud befinden, erkennen Sie an dem Symbol, auf das Sie klicken. Im Beispiel unten kann ich den Film zwar abspielen, aber nicht zu iMovie hinzufügen, weil er in der Cloud gespeichert ist. Um es zu laden, müsste ich nur mit dem Pfeil nach unten auf die Cloud tippen. Wie wird es angezeigt, wenn es sich in der Cloud befindet? Eine kleine Vorschau wird auf Ihrem Telefon gespeichert und Sie können sie aus der Cloud streamen.

Sobald ich auf die Wolke tippe, ist sie auf meinem Gerät, nachdem sie heruntergeladen wurde, und die Wolke ändert sich in ein "+"-Symbol, das anzeigt, dass sie dem Film hinzugefügt werden kann. Um sie hinzuzufügen, tippe ich einfach auf das +-Symbol.

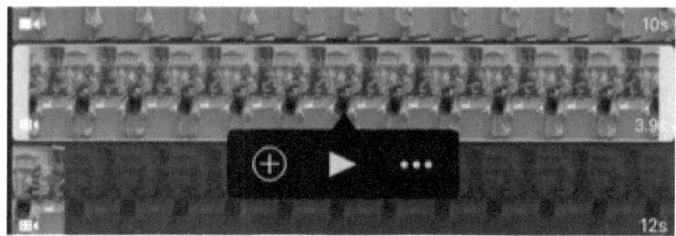

Wenn Sie auf das +-Symbol tippen, wird es hinter dem letzten Clip eingefügt - Sie können jeden Clip antippen und halten, um seine Position zu verschieben.

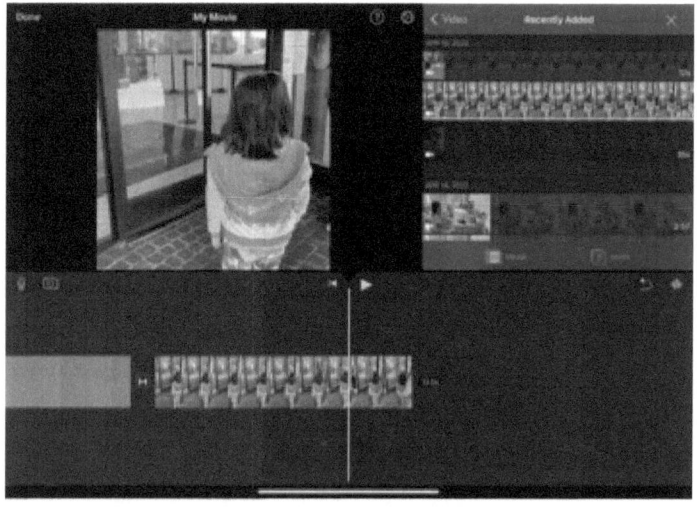

Sobald der Clip hinzugefügt wurde, klicken Sie darauf, um die für diesen Clip verfügbaren Optionen anzuzeigen. Es gibt fünf:

- **Aktionen** - Hiermit können Sie einen Clip zuschneiden.
- **Geschwindigkeit** - Hiermit können Sie das Timing des Clips anpassen, d. h. er kann denselben Inhalt haben, aber länger oder kürzer erscheinen.
- **Lautstärke** - Stellt ein, wie laut oder leise Musik im Hintergrund abgespielt wird.
- **Überschriften** - Hier können Sie einen beliebigen Text im Clip hinzufügen oder anpassen.
- **Filter** - Passen Sie mit dieser Aktion den Gesamtstil/das Aussehen des Clips an.

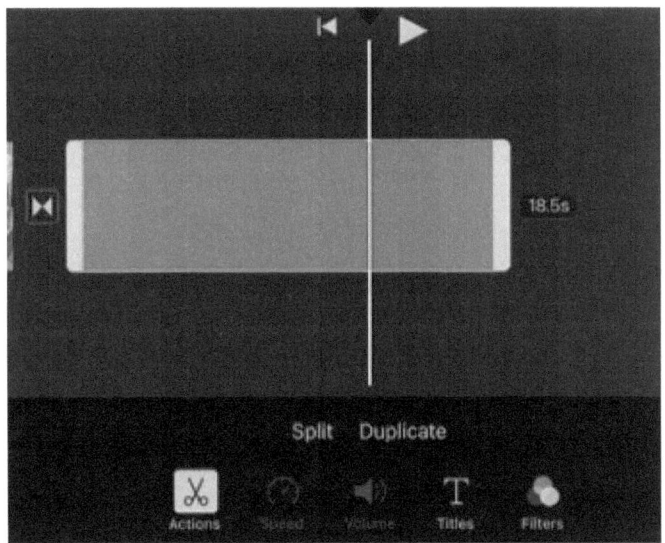

Manuelle Bedienelemente

Werfen wir einen kurzen Blick auf einige der manuellen Symbole, die Sie sehen werden - es gibt nicht viele davon.

Unter der Hauptvideovorschau befinden sich vier Symbole. Das erste, das Mikrofon, ermöglicht es Ihnen, einem Clip einen Kommentar hinzuzufügen; das nächste ist die Kamera, mit der Sie ein Video oder ein Bild aufnehmen können, das Sie in das Video einfügen; rechts springt der Rückwärtspfeil mit der Linie zum vorherigen Clip; und schließlich zeigt der Vorwärtspfeil eine Vorschau des Videos an.

Ganz rechts befindet sich eine Schaltfläche zum Rückgängigmachen, mit der Sie versehentlich vorgenommene Änderungen rückgängig machen können; neben der Schaltfläche "*Rückgängig machen*" befindet sich die Schaltfläche "*Audio anzeigen*".

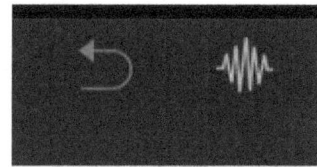

Im Beispiel unten sehen Sie, dass der erste Clip ein wenig leises Audio im Hintergrund abspielt; das hilft mir zu erkennen, ob es etwas im Clip gibt, das ich stummschalten oder verstärken möchte.

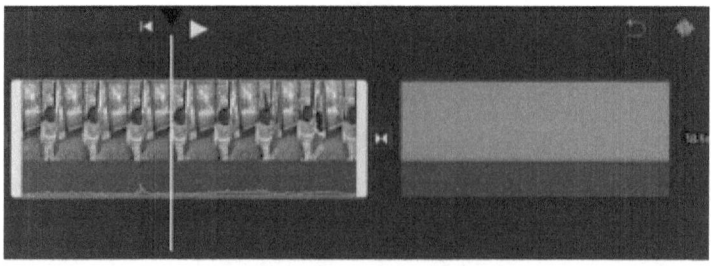

Oben, in der Mitte des Hauptbildschirms, befindet sich ein Konfigurationssymbol. Damit können Sie Filter hinzufügen, das Hauptthema ändern und Musik und Übergänge ein- und ausschalten.

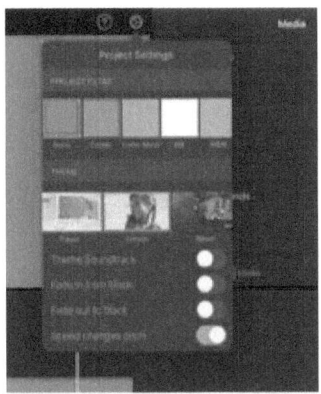

ÜBERGÄNGE HINZUFÜGEN

Wenn Sie einen Übergang zwischen den Clips hinzufügen möchten, tippen Sie auf die beiden Pfeile, die sich in der Mitte zweier Clips gegenüberstehen; dadurch werden Übergangsoptionen angezeigt. Tippen Sie auf die gewünschte Option. Sie können auch einstellen, wie lange der Übergang dauern soll (1,0 Sekunden ist die Standardeinstellung).

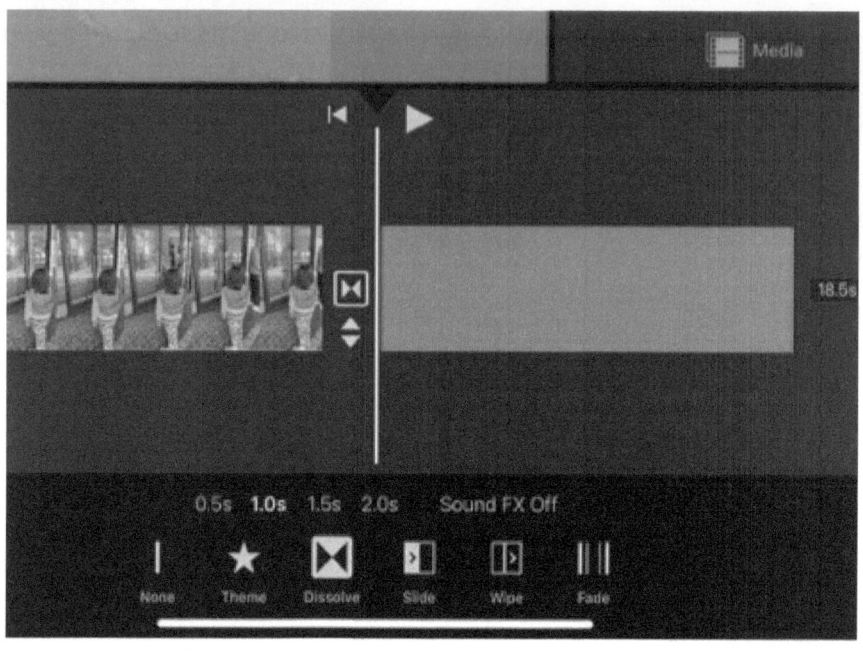

[5]
iMovie für MacOS

Für die Power-User unter Ihnen empfiehlt sich iMovie für MacOS, um das Beste aus iMovie herauszuholen.

Das erste Öffnen kann ein wenig einschüchternd sein; im Gegensatz zu iOS und iPadOS, die Kontrollen und wo sie sind sehen nichts wie das, was wir bisher gesehen haben. Lassen Sie sich von dem neuen Aussehen nicht abschrecken - sobald Sie sich daran gewöhnt haben, verhält es sich wirklich ähnlich.

Bevor ich fortfahre, möchte ich noch einmal sagen: Sie brauchen kein MacOS, um einen guten Film zu machen; iOS und iPadOS können bessere Ergebnisse liefern. Der Hauptgrund, warum Sie MacOS einem mobilen Gerät vorziehen könnten, ist, dass es eher wie ein Film-Editor funktioniert und einige Benutzer dieses Format bevorzugen.

Fangen wir also an!

HERUNTERLADEN VON IMOVIE

iMovie sollte auf Ihrem Mac vorinstalliert sein; Sie finden das Symbol in Ihrem Launchpad.

Wenn Sie sie nicht sehen, haben Sie sie möglicherweise versehentlich entfernt.

Um eine neue Kopie zu erhalten, gehen Sie einfach in den App Store, suchen Sie nach iMovie und klicken Sie auf *"Holen"*. Die App ist kostenlos, aber sie ist sehr umfangreich, sodass das Laden einige Zeit dauern kann.

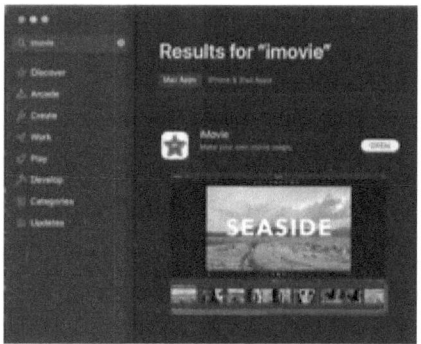

EIN NEUES PROJEKT BEGINNEN

Wenn Sie iMovie zum ersten Mal starten, wird es Ihnen wahrscheinlich ein wenig... fehlen. Es hat buchstäblich nur eine Option: *Neu erstellen*.

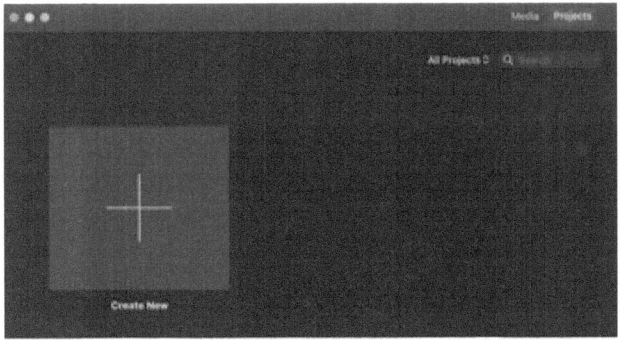

Wenn Sie auf *Neu erstellen* klicken, erhalten Sie eine weitere Option: *Film* und *Trailer*.

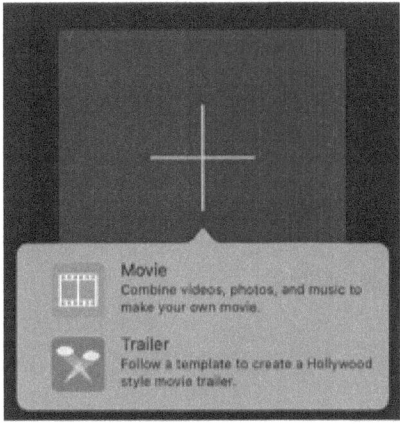

Ich vermute, dass Apple irgendwann die gleichen Optionen wie bei iOS und iPadOS hinzufügen wird, aber das ist zum jetzigen Zeitpunkt noch nicht der Fall. Also alles, was wir bekommen, ist *Trailer*zur Verfügung, das sehr ähnlich wie *Storyboard* auf mobilen Geräten ähnelt.

Wenn Sie auf "*Trailer*" klicken, sehen Sie alle möglichen Stile, die Ihnen zur Verfügung stehen. Wie auf mobilen Geräten werden damit Minifilme erstellt, die etwa anderthalb Minuten lang sind und sich wie ein Filmtrailer anfühlen. Es macht Spaß, sie auszuprobieren, aber sie sind nicht ganz so leistungsstark wie der Storyboard Modus, der auf iOS und iPadOS verfügbar ist.

Wenn Sie diesen Modus verwenden, werden Sie feststellen, dass die Optionen auch bei mobilen Geräten sehr ähnlich sind. Klicken Sie auf *Storyboard* und ziehen Sie den gewünschten Inhalt hinein.

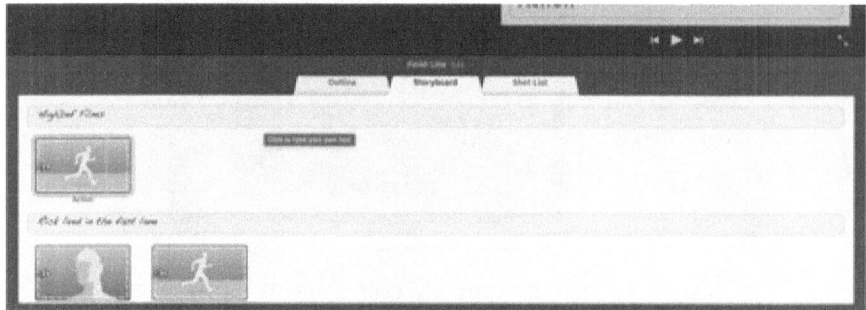

ERSTELLEN IHRES ERSTEN FILMS

Wenn Sie einen Film erstellen, sehen Sie als Erstes eine leere Leinwand.

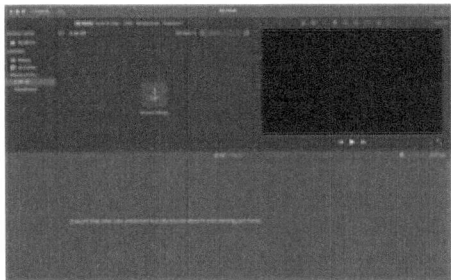

Ihr erster Schritt besteht also darin, einige (oder alle) Ihrer Inhalte hinzuzufügen.

Es gibt   Es gibt mehrere Möglichkeiten, Ihre Inhalte hinzuzufügen; Sie können auf *Medien importieren* klicken und sie suchen.

Sie können das Suchmenü aufrufen und danach suchen.

Sie können es im linken Medienmenü finden.

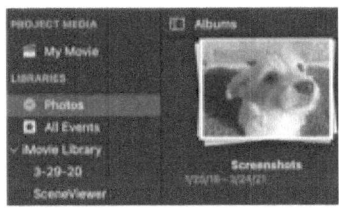

Oder, was vielleicht am einfachsten ist - und was ich auf jeden Fall bevorzuge - Sie können sie per Drag & Drop einfügen.

ERSTELLEN VON TITELN, HINTERGRÜNDEN, ÜBERGÄNGE, UND MEHR

Vielleicht haben Sie oben ein Menü bemerkt, in dem steht: Meine Medien, Audio & Video, Titel, Hintergründe, Übergänge. Dieses Menü steht Ihnen immer zur Verfügung. Wenn Sie also einen Übergang, Musik oder Titel hinzufügen möchten, gehen Sie zu diesem Menü.

Um den Effekt hinzuzufügen, suchen Sie den gewünschten Effekt und ziehen ihn in den Filmeditor in der unteren Hälfte des Bildschirms.

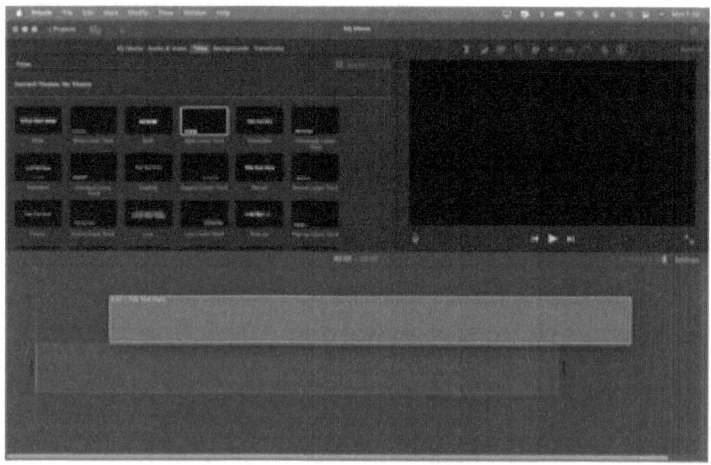

MANAGEMENT DES FILMEDITORS

Der Bereich, in dem Sie die meiste Zeit verbringen werden, ist der Editor, der die untere Hälfte des Bildschirms einnimmt.

Der Filmeditor hat verschiedene Zeilen, die jeweils als Ebene dienen. Sie haben eine Zeile für das Video/Foto, eine für den Text, eine für den Ton - es kann sein, dass Sie mehrere Zeilen für jede Ebene haben. Wenn Sie mit Fotoeditoren vertraut sind, dann ist Ihnen das Konzept der Ebenen vielleicht bekannt. Die Idee ist, dass jede Reihe übereinander gestapelt wird und Sie jede Reihe unabhängig bearbeiten können. Wenn Sie also einen Text transparenter machen wollen als einen anderen, können Sie das tun.

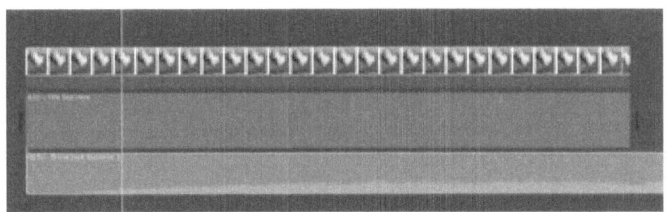

Wenn Zeilen und Ebenen immer noch ein wenig verwirrend sind, dann bleiben Sie dran. Wenn Sie die Steuerelemente besser verstehen, wird es mehr Sinn machen.

BEARBEITUNG VON CLIPS

Für Videos, Text und Audio gibt es jeweils verschiedene Optionen, die Sie verwenden können. Wenn Sie also auf verschiedene Clips im Editor klicken, werden Sie feststellen, dass sich die Menüoptionen in der oberen rechten Hälfte je nach dem, worauf Sie klicken, ändern. Viele dieser Steuerelemente werden Ihnen aus den mobilen Versionen der

App bekannt sein. Ich werde kurz auf jede Option eingehen und die Unterschiede - sofern vorhanden - erläutern.

Das Magic Wizard-Symbol ganz links öffnet keine Menüs, sondern arbeitet im Hintergrund, um das Bild oder Video automatisch zu perfektionieren; es nimmt automatische Farbanpassungen vor.

Die nächste Gruppe von Optionen ist das Video-Overlay. Mit diesen Effekten können Sie das Video oder den Text transparenter machen (Deckkraft). Wenn also Text über dem Video erscheint und Sie feststellen, dass er nicht richtig angezeigt wird, können Sie die *Deckkraft* und *Fade verwenden*, um das Video anzupassen und den Text besser lesbar zu machen.

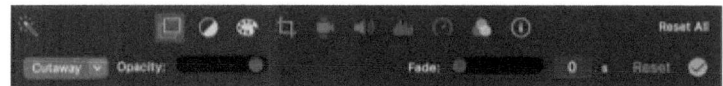

In der Dropdown-Liste steht standardmäßig *Cutaway*, aber wenn Sie darauf klicken, sehen Sie, dass es mehrere andere Optionen gibt. *Green / Blue Screen* zum Beispiel versucht, den Hintergrund zu entfernen.

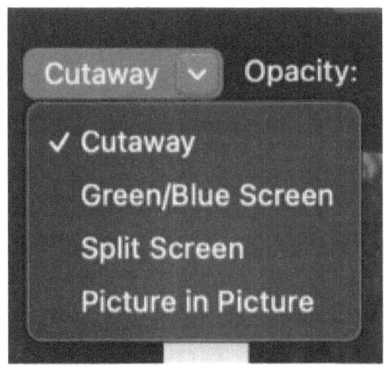

Bild im Bild verkleinert den Videoclip und platziert ihn in der Ecke des Bildschirms. Diese Technik eignet sich gut für Lehrvideos, bei denen Sie den Lehrer in der Eckbox und die Illustration im Hauptbereich zeigen. Wenn Sie diese Einstellungen anpassen, werden Sie auch feststellen, dass sich das Menü leicht verändert und zusätzliche Optionen enthält.

Farbe Farbbalance ist das nächste Symbol; Sie können *Auto* wählen, um die Farbe automatisch anzupassen, oder einige der manuellen Einstellungen verwenden.

Farbe FarbkorrekturMit dieser Funktion können Sie den Farbton und die Kontraste der Farben anpassen.

Beschneiden ist das vierte Symbol, dem Sie bei der Verwendung von Fotos besondere Aufmerksamkeit schenken sollten. Standardmäßig werden die Fotos mit dem Ken Burns Effekt; was ist das? Das bedeutet, dass das Bild auf einen bestimmten Ausschnitt gezoomt wird und sich beim Abspielen des Films über andere Bereiche bewegt, um den Eindruck zu erwecken, dass das Foto eine Art Film ist. *Zuschneiden auf Füllen* und *Anpassen* könnte für einige Fotos besser aussehen. Rechts neben diesen Optionen befinden sich Schaltflächen zum Drehen des Fotos.

Haben Sie eine zittrige Hand? Ich auch! *Die Stabilisierung* kann Ihnen in diesem Fall helfen. Sie wird sich als besonders hilfreich erweisen, wenn Sie Action-Aufnahmen machen.

Mit der Lautstärke können Sie die Lautstärke eines Clips anpassen - Sie können sie verringern, damit andere Clips, die neben ihm laufen, lauter sind. Sie können z. B. einen Musiktitel verwenden und möchten, dass der Ton im Video nur leicht zu hören ist.

Rauschunterdrückung und *Equalizer* helfen Ihnen, die Lautstärke noch weiter anzupassen. Nehmen wir an, Sie haben das Video in einem überfüllten Restaurant oder an einem Ort mit viel Lärm aufgenommen. Mit dieser Option können Sie einige dieser Hintergrundgeräusche korrigieren.

Rechts neben diesen Tools befindet sich ein Dropdown-Menü mit der Bezeichnung *Equalizer*. Wenn Sie darauf klicken, gibt es mehrere weitere Verbesserungen.

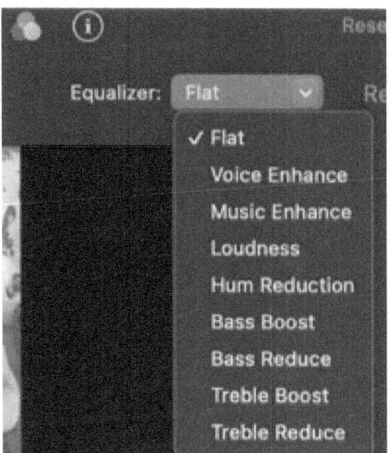

Mit der Geschwindigkeit wird nicht nur die Abspielgeschwindigkeit des Videos eingestellt, sondern der Clip kann auch rückwärts abgespielt werden.

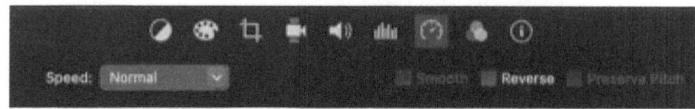

Clip-Filter und *Audio-Effektes* enthalten sowohl visuelle als auch Audioverbesserungen für den Clip.

Clip-Informationen ist die letzte Option; hier erhalten Sie Informationen darüber, wann das Video aufgenommen wurde und wie lang es ist.

BEARBEITEN A CLIP

Wenn Sie mit der rechten Maustaste auf einen Clip klicken, werden Ihnen mehrere Optionen angezeigt. Einige davon (z. B. Abspielen, Ausschneiden, Kopieren und Löschen) werden Ihnen vertraut sein und bedürfen keiner weiteren Erläuterung.

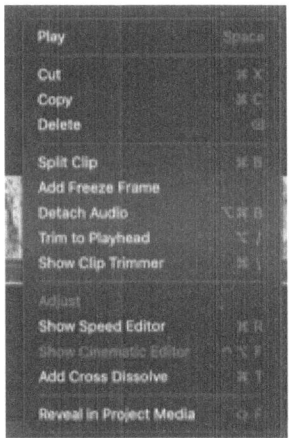

- *Teilen Clip* - Das Teilen eines Clips bedeutet, dass Sie den Clip zerschneiden. So können Sie unabhängige Bearbeitungen am Video vornehmen, z. B. wenn Sie nur einen Teil des Videos mit Ton abspielen möchten. Um den Clip zu teilen, gehen Sie zu dem Teil des Clips, den Sie abtrennen möchten, klicken Sie mit der rechten Maustaste und wählen Sie *Teilen*.
- *Freeze Frame hinzufügen* - *Freeze Frame* friert das Video für eine bestimmte Zeit ein und spielt es dann wieder ab.
- *Audio abtrennen* - Standardmäßig ist der Ton des Videos an das Video selbst angehängt, d. h. Sie bearbeiten den Ton zusammen mit dem Video. Wenn Sie den Ton abtrennen, wird er vom Video getrennt und in einer eigenen Zeile des Editors angezeigt.
- *Zuschneiden Auf Abspielkopf zuschneiden* - *Auf Abspielkopf zuschneiden* ist im Grunde ein Zuschneiden. Bewegen Sie den Cursor an die Stelle, an der Sie zuschneiden möchten, klicken Sie mit der

rechten Maustaste und wählen Sie diese Option aus; der Clip wird dann an dieser Stelle zugeschnitten.
- *Cliptrimmer anzeigen* - Der *Cliptrimmer* ist ein weiteres Zuschneidewerkzeug, das Ihnen hilft, genau den Moment zu treffen, den Sie beschneiden möchten.
- *Geschwindigkeits-Editor anzeigen* - Der *Geschwindigkeits-Editor* scheint auf den ersten Blick nichts zu tun; tatsächlich befindet er sich über der Vorschau in der oberen rechten Ecke und ist auch verfügbar, wenn Sie auf das zugehörige Symbol klicken.
- *Cinematic-Editor anzeigen* - Bei den meisten Ihrer Videos wird diese Option wahrscheinlich nicht angezeigt. Der Cinematic-Modus wurde den neuesten iPhones hinzugefügt (es handelt sich dabei um den Modus, der Dinge in einem Video unscharf macht, die nicht im Mittelpunkt stehen - ähnlich wie der Porträtmodus, aber mit Video). Wenn Sie das Video nicht im Filmmodus aufgenommen haben, wird diese Option deaktiviert sein.
- *Kreuzüberblendung hinzufügen* - Mit einer Kreuzüberblendung können Sie die Deckkraft einer Szene sanft über die einer anderen erhöhen.
- *In Projektmedien anzeigen* - Diese Option zeigt den Speicherort der Datei in den Projektmedien an (das Feld, das alle in einem Projekt enthaltenen Medien anzeigt).

VOICEOVER HINZUFÜGEN

Um einem Film ein Voiceover hinzuzufügen, gehen Sie an einen etwas ungewöhnlichen Ort: an den Anfang von iMovie. Klicken Sie auf das Menü *"Fenster"* und wählen Sie dann *"Voiceover aufnehmen.*

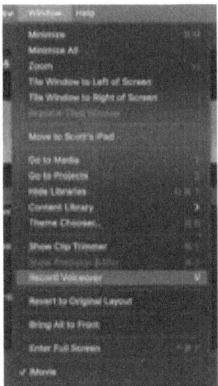

Dadurch wird unter der Vorschau Ihres Videos eine Aufnahmetaste eingeblendet; klicken Sie auf Aufnehmen, um das Voiceover hinzuzufügen.

EIN THEMA HINZUFÜGEN

Okay, erinnern Sie sich noch daran, als ich sagte, dass iMovie für Mac nicht über all diese schicken Vorlagen verfügt. Ja, das stimmt. Aber es gibt doch *einige* Vorlagen. Sie werden Themen genannt. Du kannst sie über das gleiche Menü wie *Voiceover* aufrufen *Fenster > Thema Auswahl.*

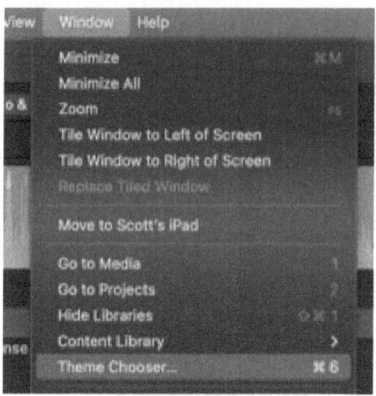

Daraufhin werden mehrere Themen angezeigt, aus denen Sie auswählen können. Es ist nicht ganz so robust wie die mobilen Versionen der App, aber es ist eine gute Möglichkeit, um mit einem Projekt zu beginnen. Sie können sich jedes Thema in der Vorschau ansehen, und wenn Sie eines hinzufügen möchten, klicken Sie auf die Schaltfläche *Ändern* in der unteren rechten Ecke.

SPAREN / TEILEN FILM

Wenn Sie mit einem Projekt fertig sind, gibt es keine Schaltfläche "Speichern"; Sie speichern, indem Sie auf die Schaltfläche *<Projekt>* in der oberen linken Ecke klicken. Sie werden gefragt, wie Sie das Projekt nennen wollen, und kehren dann zum Hauptbildschirm zurück.

Wenn Sie es weitergeben möchten, gehen Sie zu *Datei > Freigeben* und wählen Sie aus, wie Sie es weitergeben möchten.

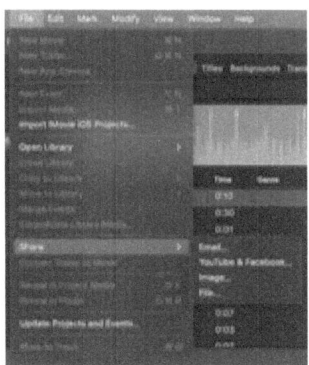

INDEX

A

Album13............................, 14, 15
   Audio-Effekt64

B

Hintergründe47...................., 48, 59

C

Farbe25........................, 26, 38, 62
   Farbbalance62
   Farbkorrektur62
   Erntegut62

D

Audio65 *abnehmen*
   Herunterladen54

E

Bearbeitung44...................., 60, 65
   Equalizer63

F

Film Editor59

I

   Internet2

K

Ken .... Burns 62

M

Magische .... Momente 13
    Umzug 32
Musik 25 .... , 38

N

    Rauschunterdrückung 63

O

    Opazität 61

P

    Fotoalben 18
Fotos 13 .... , 47
Bild in .... Bild 61

Abspielen 30

S

Teilen 30 .... , 68
    Split 65
    Stabilisierung 63
Storyboard 10...., 40, 41, 42, 44, 56, 57

T

    Thema 67
Titel 23 .... , 50, 59
    Anhänger 56
Übergänge 53 .... , 59
    Trim 66

V

Sprachausgabe 24 .... , 66, 67

ÜBER DEN AUTOR

Scott La Counte ist Bibliothekar und Schriftsteller. Sein erstes Buch, *Quiet, Please: Dispatches from a Public Librarian* (Da Capo 2008) war die Wahl des Herausgebers der Chicago Tribune und ein Entdeckungstitel der Los Angeles Times; 2011 veröffentlichte er das Jugendbuch The N00b Warriors, das ein Amazon-Bestseller wurde; sein jüngstes Buch ist *#OrganicJesus: Finding Your Way to an Unprocessed, GMO-Free Christianity* (Kregel 2016).

Er hat Dutzende von Bestsellern mit Anleitungen zu technischen Produkten geschrieben.

Sie können ihn unter ScottDouglas.org erreichen.

www.ingramcontent.com/pod-product-compliance
Lightning Source LLC
Chambersburg PA
CBHW031532210526
45464CB00020B/2518